吉林大學
考古與藝術博物館

館藏文物叢書·青銅器卷

Jilin University

Museum of Archaeology and Art

Cultural Relics Series: Bronzes

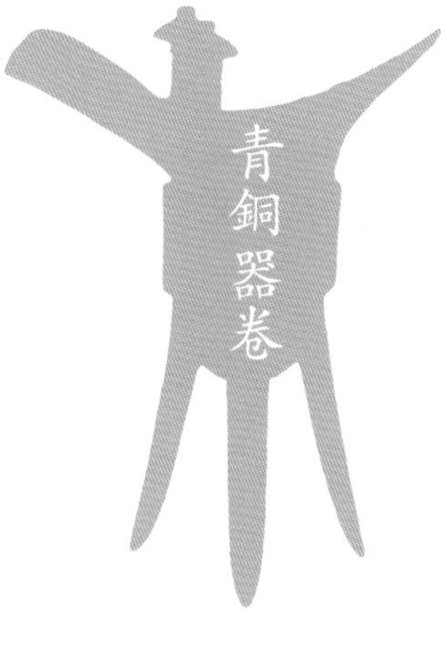

吉林大學考古與藝術博物館　編
唐　淼　主編
何景成　副主編

上海古籍出版社

《吉林大學考古與藝術博物館館藏文物叢書・青銅器卷》編委會

前言

吉林大學考古與藝術博物館收藏的一批青銅器，一部分爲于省吾先生於20世紀50年代，代表吉林大學（時稱東北人民大學）赴北京琉璃廠文物商店所購得。一部分來自羅繼祖先生的有償捐贈。這批青銅器年代跨度長，器類豐富，具有重要的學術價值和文物價值。本書主要收録館藏商周到兩漢時期的青銅器，而以商周時期爲主。品類涉及食器、酒器、樂器、車馬器、兵器和其他雜項，總計近一百四十品。

本書收録的商周時期青銅器，具銘與不具銘互見，精品良多。如牛首獸面紋尊（本書編號○四二），通高近40厘米，造型獨特、紋飾精美，體現了高超的製作工藝和藝術價值。具銘青銅器多數已經見於著録，流傳有緒。受限於著録體例、收藏情況、攝製印刷技術等條件，已刊布的相關資料大部分并不全面，如一般只有銘文拓片，而缺乏器物圖像資料，或器形圖像不够清晰，拍攝角度單一；一些著録書因未能參照器物圖像或原器，對器物的描述不够準確。這些情況都不利於完整展示這批青銅器，進而影響其學術價值的充分挖掘。通過這次整理，我們較爲全面而準確地展示了這批館藏青銅器所藴含的學術信息，主要體現在以下幾個方面：

（一）原著録只收録銘文拓片，未收録器物圖像。本書提供了器物尺寸和多維度器形圖。如：

1. 亞醜鼎（編號○○二）

此器館藏號2-246，時代爲商代晚期。其銘文拓片著録於《集成》1437，《銘圖》

1・00556 等。器圖鮮見刊載,《銘圖》未附器形圖像。

2. 夸甗（編號○二五）

此器館藏號 2-405，時代屬於商代晚期。其銘文拓片著録於《集成》0790,《銘圖》7・03112。器圖鮮見刊載,《銘圖》未附器物圖像。

3. 伯其父簠蓋（編號○二一）

此器館藏號 2-403，時代屬於春秋早期。其銘文拓片著録於《集成》4581,《銘圖》13・05913。器圖鮮見刊載,《銘圖》未提供器物圖像。

（二）原著録信息有誤，本書提供了準確的器物信息。如：

1. 韋簋（編號○一五）

此器館藏號 2-412，時代屬於商代晚期。其銘文拓片著録於《集成》2944,《銘圖》7・03458。《銘圖》謂銘文鑄於口沿，描述有誤，實在器物内底。

2. 亞㠱侯卣（編號○四一）

此器館藏號 2-394，時代屬於西周早期。其銘文拓片著録於《三代》11・27・3,《集成》5924,《銘圖》21・11718，器物圖像未見著録。上述著録均稱此器爲“亞㠱侯尊”，認爲器形爲尊。據此實物，器形當爲卣。《集成》5923 著録有同銘器“亞㠱侯尊”,《銘圖》21・11717 附有器物尺寸和綫圖，所據爲劉體智《善齋吉金録》，當可信。此器被誤稱爲尊，當與其同銘器“亞㠱侯尊”有關。

前言

3. 辨尊（編號○四三）

此器館藏號 2-252，時代屬於西周早期。其銘文拓片最早著録於于省吾先生《商周金文録遺》142 號，器名爲“辨作文父己簋”。此後，《總集》2315，《集成》3716，《銘圖》9・4618 諸書均照録作“辨作文父己簋”。諸書均誤以此器爲簋，當據此改正。

于先生在《商周金文録遺・序》中說：“本書專搜未著録墨本，凡《三代吉金文存》所没有的，則搜羅之。間有與其他金文書重複者，於目録中注明之。”此書序作於 1956 年 5 月，序言中亦交代寫這篇序言時，已將全部拓本寄交中國科學院考古研究所先行付印。吉大所藏的這批青銅器，多是在 20 世紀 50 年代，由于先生牽頭代吉林大學購於北京琉璃廠肆。于先生是 1955 年受聘於吉林大學，集録整理《商周金文録遺》這本書的資料時，這批青銅器應該尚未入藏吉林大學，未及注意此器。

（三）銘文先前未見著録，本書首次完整刊布器物與銘文信息。如：

1. 卿賈卣（編號○四○）

此器館藏號 2-47，時代屬於商代晚期。器内壁與蓋内均鑄有銘文一行三字，作“卿賈癸”。銘文未見著録。《集成》1700 所著録方鼎銘與此一致，該鼎現藏美國華盛頓賽克勒美術館。

2. 祖丁鼎（編號○○六）

此器館藏號 2-250，時代屬於西周早期，其内壁鑄有銘文兩行八字，作“□乍（作）且（祖）丁寶鬻。㠯册”。銘文未見著録。其中“鬻”字寫法與已見著録者不同（參看董蓮池《新

PREFACE

金文編》附録二 0138 號），可資考證。

3. 卓觚（編號○三五）

此器館藏號 2-37。時代屬於商代晚期。圈足内壁鑄一族氏銘文“”，其寫法較一般“卓”字在上部多了幾點。銘文未見著録，可能與《集成》9788 父己罍所載爲同一族氏。

有些銘文與其他金文資料相結合，可以推進相關研究。如亞𠇶鏡（編號○五八），其内壁鑄有族氏銘文“亞𠇶”，柄部鑄有銘文“左”。《銘圖》收録有一件屬於私人收藏家的銅鐃（29・15913），形制與亞𠇶銅鐃一致。内壁鑄有銘文四字，作“亞𠇶□辛”，柄部鑄銘文一字“右”。這件銅鐃與吉大所藏亞𠇶銅鐃的族氏銘文一致，只是多了表示廟號的“□辛”。兩件銅鐃族名相同，柄部分别鑄“左”“右”二字。可知“左”和“右”應該是對器物擺放位置或分組的説明，這類説明可能與禮儀活動有關。

學者常言，對館藏器物的整理，其價值不亞於新發掘出土一批地下文物。近年來，攝製印刷技術日益精進。不少文博機構採用新技術和新方法著録或重新整理館藏文物，這對於文物價值的充分發掘，對於學術發展都有莫大的推動作用。相信本書所做的工作，也能爲此貢獻綿薄之力。

編者 2022 年 8 月於長春

凡例

1. 本書收録吉林大學考古與藝術博物館收藏的商周秦漢時期青銅器。按照青銅器分類的通行做法，本書將這批青銅器分爲食器、酒器、水器、樂器、兵器、車馬器等類别，而將符節、帶鈎、牌飾、銅燈、熏爐、熨斗、量器等器物作爲雜項一并歸入“其他用器”類别中。

2. 本書主要依據器類和時代對器物進行編排，同類器物按時代先後排列。

3. 本書對每件器物的説明，主要從時代、尺寸、形制紋飾、銘文等要素着眼。本書所收有銘銅器，多著録有緒。《集成》《銘圖》等大型青銅器著録書已經較爲詳盡地記録了這些銅器銘文或器形的情況，本書對所涉及青銅器著録情況的説明，主要參照這兩部工具書。

4. 吉林大學考古與藝術博物館所購藏青銅器，主要用於教學研究，間或有個别僞器、僞銘。鑒於青銅器辯僞已經成爲青銅器學不可或缺的部分，本書對這部分器物也酌情予以收録，以資見聞。

5. 本書引用書目的簡稱對照如下：

《集成》 中國社會科學院考古研究所編：《殷周金文集成》，中華書局，1984—1994 年。

《銘圖》 吴鎮烽編著：《商周青銅器銘文暨圖像集成》，上海古籍出版社，2012 年。

《綜覽》 林巳奈夫著，廣瀨薰雄、近藤晴香譯，郭永秉潤文：《殷周青銅器綜覽》(第一卷)，上海古籍出版社，2017 年。

《總集》 嚴一萍編:《金文總集》，藝文印書館，1983 年。

《三代》 羅振玉:《三代吉金文存》，1937 年石印初版；中華書局，1983 年版。

《貞松》 羅振玉:《貞松堂集古遺文》，1930 年。

《録遺》 于省吾:《商周金文録遺》，1957 年初版；中華書局，2009 年版。

目録

前　言

凡　例

食　器

〇〇一　獸面紋鼎…3

〇〇二　亞醜鼎…5

〇〇三　父丁𠁁方鼎…7

〇〇四　扁足方鼎…11

〇〇五　乃子克鼎…13

〇〇六　祖丁鼎…17

〇〇七　夔紋鼎…19

〇〇八　猷侯之孫陳鼎…23

〇〇九　橫鱗紋鼎…25

〇一〇　君子之弄鼎…27

〇一一　蟠螭紋鼎…31

〇一二　瀕鼎…33

〇一三　三足鼎…34

〇一四　乳釘紋簋…35

〇一五　韋簋…37

〇一六　竊曲紋簋…39

〇一七　𣪘簋…41

〇一八　德簋…45

〇一九　竊曲紋簋…47

〇二〇　乳釘紋敦…49

〇二一　伯其父𥂴蓋…51

〇二二　仲㓞父鬲…53

〇二三　畢姬鬲…57

〇二四　錐足鬲…59

〇二五　夸甗…61

〇二六　釜甑…63

〇二七　鑄客豆…65

〇二八　衛師魁…67

CONTENT

酒　器

〇二九　父辛爵…70

〇三〇　獸面紋爵…71

〇三一　[illegible]爵…72

〇三二　父甲爵…73

〇三三　隹斝…75

〇三四　蕉葉紋觚…77

〇三五　[illegible]觚…78

〇三六　𦎫[illegible]觶…79

〇三七　雙連杯…81

〇三八　乳釘紋卮…82

〇三九　父丁卣…83

〇四〇　卿買卣…87

〇四一　亞㠱侯卣…89

〇四二　牛首獸面紋尊…93

〇四三　辨尊…95

〇四四　獸面紋瓿…97

〇四五　亞屰斗…99

〇四六　銅斗…101

〇四七　散螭紋壺…103

〇四八　扁壺…105

〇四九　鈁鏤…107

〇五〇　銅鈁…109

〇五一　大吉壺…111

〇五二　龍頭柄鐎斗…112

〇五三　銅樽…113

〇五四　耳杯…115

水　器

〇五五　嬭盤…119

〇五六　素面匜…121

〇五七　富貴昌洗…123

樂　器

〇五八　亞䀠鐃…127

〇五九　獸面紋鐃…128

〇六〇　鈕鐘…129

〇六一　鈕鐘…131

〇六二　鎏金鈕鐘…132

〇六三　甬鐘…133

〇六四　銅鉦…135

〇六五　錞于…137

目録

兵器

〇六六　曲内戈…140

〇六七　銎内戈…141

〇六八　上戈…142

〇六九　侯戟…143

〇七〇　滕侯戟…144

〇七一　蟬紋矛…145

〇七二　銅矛…146

〇七三　銅矛…147

〇七四　管銎斧…148

〇七五　管銎斧…149

〇七六　管銎斧…150

〇七七　鎏金銀銅鐏…151

〇七八　鈴首劍…152

〇七九　曲刃短劍…153

〇八〇　龍首劍…155

〇八一　雙鳥回首劍…156

〇八二　銅劍…157

〇八三　銅劍…158

〇八四　銅劍…159

〇八五　環首刀…160

〇八六　銅刀…161

〇八七　銅刀…163

〇八八　銅刀…164

〇八九　環首刀…165

〇九〇　環首刀…167

〇九一　銅刀…168

〇九二　環首刀…169

〇九三　銅刀…170

〇九四　銅鏃…171

〇九五　銅鏃…172

〇九六　右得工鏃…173

〇九七　銅鏃…174

〇九八　銅箭…175

〇九九　弩機…176

車馬器

一〇〇　軛首飾…178

一〇一　軛脚飾…179

一〇二　鑾鈴…181

一〇三　虎頭車轄軎…183

一〇四　蓋弓帽…184

一〇五　蓋弓帽…185

一〇六　弓形器…187

一〇七　當盧…189
一〇八　蟬形泡…191
一〇九　雲紋泡…193
一一〇　矢笴泡…194
一一一　節約…195
一一二　馬銜…196
一一三　鈴首鑣…197
一一四　馬鑣…198
一一五　馬鑣…199
一一六　馬鑣…201
一一七　馬鑣…203
一一八　馬鑣…204

其他用器

一一九　虎符…207
一二〇　嵌松石帶鈎…211
一二一　嵌銀絲帶鈎…213
一二二　鹿紋牌飾…214
一二三　虎紋牌飾…215
一二四　奔鹿紋牌飾…216
一二五　鷹虎鬥牌飾…217
一二六　雙鹿紋牌飾…218
一二七　雙羊紋牌飾…219
一二八　卧鹿…220
一二九　博山爐…221
一三〇　熏爐…223
一三一　永光二年燈…224
一三二　五鳳二年行燈…225
一三三　地皇二年行燈…227
一三四　始皇詔權…229
一三五　始皇詔橢量…231
一三六　汾陰家熨斗…232

食器

〇〇一

獸面紋鼎

館藏號 2–5

商代晚期

通高 22 厘米，口徑 18 厘米

腹徑 17 厘米

斂口，平折沿，方唇，口沿上有一對立耳，淺分襠，下承三條圓柱狀足。口沿下飾一周雲雷紋。腹飾三組連體獸面紋，正面爲一獸面，圓睛突出，雙角兩端内卷，兩側各連接一條軀幹，尾部向上豎立，短軀下有脚爪。雲雷紋襯地。

○○二 亞醜[1] 鼎

館藏號 2-246

商代晚期

通高 16.4 厘米，口徑 13.4 厘米

腹徑 14 厘米

斂口，折沿，方唇，口沿上有一對立耳，淺分襠，下承三條圓柱狀足。口沿下飾一周雲雷紋。腹飾三組獨立獸面紋，圓睛突出，粗眉，雙角兩端内卷，以扉棱爲鼻梁。獸面兩側配以倒立的夔紋。雲雷紋襯地。器腹内壁鑄“亞醜”二字。銘文拓片著録於《集成》1437，《銘圖》1・00556 等。《銘圖》未附器形圖。

① 關於此字的釋讀，目前尚無確定意見，爲方便排版，這裏權宜隸定作“醜”。參看董珊：《釋蘇埠屯墓地的族氏銘文“亞醜”》，李宗焜主編：《古文字與古代史》第四輯，“中研院史語所”出版，2013 年，337-368 頁。

2-246

〇〇三　父丁𡆥方鼎

館藏號 2-366

西周早期

通高 23.7 厘米，器口長 18.9 厘米

器口寬 14.2 厘米

直口，平折沿，方唇，口沿兩端各有一立耳，腹呈長方體，直壁，四隅及每壁中間均設扉棱，下承四條圓柱狀足。口沿下飾鳥紋一周，兩兩對稱。腹部飾上卷角連體獸面紋，以扉棱爲鼻梁，兩側各連接一條軀幹，向上曲折，尾部下卷。雲雷紋襯地。柱足上飾單綫垂葉紋。腹内壁鑄銘文“父丁𡆥”三字。銘文拓片著録於《集成》1578，《銘圖》2・00844 等。《銘圖》未附器圖。

○○四 扁足方鼎

館藏號 2-368

西周早期

通高 23.9 厘米，器口長 17.4 厘米

器口寬 13.9 厘米

平折沿，方唇，口沿兩端各有一立耳，口部呈長方形，淺腹圜底，四隅及每壁中間均設扉棱，下設四條鳳鳥形扁足。口沿下飾鳥紋，兩兩相對。器內壁和內底均有銘文，分别作“周乍（作）寶尊彝”和“大保”，均屬僞銘。

○○五　乃子克鼎

館藏號 2-232

西周早期

通高 28.6 厘米，口徑 25.5 厘米

腹徑 25.5 厘米

口微斂，圓唇，口沿上一對綯索狀立耳，深腹略鼓，圜底，下承三柱足，頸部飾一周雲雷獸面紋，其背脊飾一排列旗狀紋。內壁鑄銘文四行二十八字，作："𠬝辛白（伯）蔑乃子克曆，宦（寵）絲五十寽（鋝），用乍（作）父辛寶尊［彝。辛白（伯）］其并受［厥永𩓣（福）］。"

銘文拓片著録於《集成》2712，《銘圖》5・02322 等。陳夢家《西周銅器斷代》謂此器舊藏李泰棻，出土時當有殘破，修補者補足銘文左方角并僞刻六字，如《癡盦藏金》3 所見的"簋辛""年永用鼎"。①《集成》收録的 2712a 拓片爲唐蘭先生藏，2712b 爲《小校經閣金文拓本》所録，兩者可互相參照。《銘圖》描述其紋飾爲"頸部飾雲雷紋"，不够全面，蓋因先前刊布的器形圖不够清晰所致。

① 陳夢家：《西周銅器斷代》，中華書局，2004 年，67 頁。

〇〇六 **祖丁鼎**

館藏號 2-250

西周早期

通高 27.9 厘米，口徑 25.4 厘米

腹徑 26 厘米

斂口，折沿，口沿上設一對立耳，垂腹，圜底，下承三柱足。頸部飾一周由雲雷紋組成的獸面紋，低扉棱。器内壁鑄有銘文兩行八字，作："□乍（作）且（祖）丁寶鬻。𢍰册。"銘文未見著録。

〇〇七 夔紋鼎

館藏號 2-2

西周中期

通高 29.4 厘米，口徑 25 厘米

腹徑 26.5 厘米

斂口，折沿，方唇，口沿上設一對立耳，立耳内側飾回首曲體夔紋。束頸，鼓腹，圜底，三足呈圓柱狀，柱足上端外側各有一獸頭裝飾。腹部飾有一周回首曲體夔紋，夔紋帶上下各有一周凸弦紋。

〇〇八　㝬（hú）侯之孫陳鼎

館藏號 2-379

春秋早期

通高 22.8 厘米，口徑 25 厘米

腹徑 24 厘米

器體呈半球形，直口窄沿，頸部微斂，設有一對高大的方形附耳，附耳外側面飾蟠虺紋。深腹圜底，下承三獸首蹄足。頸部和腹部各飾一周蟠虺紋，腹部蟠虺紋帶下飾一周三角雷紋，蹄足上端飾獸面紋。器内壁鑄有銘文兩行七字，作："㝬侯之孫陳之鼒。"

銘文拓片著録於《集成》2287，《銘圖》3·01745。《商周彝器通考》謂此器："大小未詳。附耳。腹飾蟠虺紋及三角雷紋，足飾饕餮紋。"①《銘圖》描繪器物紋飾説："上腹飾兩道弦紋。"所附器形圖，應來自《商周彝器通考》（附圖 97），可能是黑白照片不能細緻看清紋飾的緣故。

---

① 容庚：《商周彝器通考》，上海人民出版社，2008 年，238 頁。

〇〇九 **橫鱗紋鼎**

館藏號 2-254

春秋中期

通高 27 厘米，口徑 30 厘米

折沿，口沿上設有一對立耳，立耳外傾，耳外側面飾兩排窩點紋。淺腹圜底，底部設三條蹄形足。上腹部飾一周橫鱗紋，下腹部飾一周凸弦紋。

〇一〇 君子之弄鼎

館藏號 2–219

春秋晚期

通高 26.5 厘米，口徑 27 厘米

腹徑 30.5 厘米

體呈半球形，子口内斂，頸部設一對附耳，三蹄足。頸部和腹部各飾一周綯紋，附耳側面亦飾一周綯紋，每條綯索由三股繩組成。口沿外側有銘文五字，作："君子之弄鼎。"

此器銘文著録於《集成》2086，《銘圖》3・1474，《銘圖》未附器形圖。據《集成》説明，此器銘文拓片先前未見著録，傳出土於河南輝縣，流傳情況是"曾在北京，後歸東北人民大學"。《集成》所録拓本爲中國社會科學院考古研究所藏。此器銘文"君子之弄"四字與智君子之弄鑒（《集成》10288、10289）完全一致。智君子之弄鑒，現有兩器，一器現藏於美國華盛頓弗利爾美術館，一器現藏於美國明尼阿波利斯美術館。兩器 1938 年出土於河南輝縣，著録信息較詳備。故宮博物院收藏有一件"君子之弄"鬲。① 該器於 1958 年由故宮博物院收購，傳河南輝縣出土。這件"君子之弄"鬲，一般認爲銘文是僞作，見《銘圖》35・W006。

① 故宮博物院：《故宮青銅器》，紫禁城出版社，1999 年，270 頁。

蟠螭紋鼎

館藏號 2-215

戰國早期

通高 24 厘米，口徑 23 厘米

腹徑 24.5 厘米

體呈半球形，斂口有蓋，蓋上設三環，頸部兩側設附耳，腹底承三短蹄足。器蓋、器腹均飾以直角填充式變形蟠螭紋，紋飾結構爲直角形彎曲狀蟠螭紋，相當於小龍軀幹的部位以一條陽文粗綫與并列的雷紋帶填充而成，S 形一端向内彎卷。紋飾間或夾以鬚角。腹部中央有一周凸弦紋，將紋飾分爲上下兩部分。

○一二 **瀕鼎**

館藏號 2-383

西漢

通高 14.5 厘米，口徑 15 厘米

腹徑 19.5 厘米

直口内斂，失蓋，深腹，圜底。下設三短蹄足，頸部兩側設附耳，雙耳略外撇。全器素面，腹部中央有一周凸棱。上腹外壁刻有兩組銘文，作："瀕，六斤，一斗。瀕共。"此器銘文拓片著録於《漢金文録》1.29a,《秦漢金文彙編》140,《漢代銅器銘文選釋》97 等。諸書均未録器形圖。這些著録所録蓋銘作："瀕，一斤四兩，二升。瀕共。今一斤八兩十二朱，二升半升。"銘文"瀕共"指該器的置用地，即瀕地之共厨。共厨的職能，是爲帝王提供祭祀用品與飲食所需。①

① 徐正考：《漢代銅器銘文綜合研究》，作家出版社，2007 年，230 頁。

〇一三 三足鼎

館藏號 2–7

漢代

通高 22 厘米，口徑 18 厘米

腹徑 17 厘米

斂口帶蓋，蓋上設三個罍形鈕。深腹，圜底。下設三羊角短蹄足，頸部兩側設附耳，雙耳略外撇。全器素面，腹部中央有一周凸棱。

〇一四　乳釘紋簋

館藏號 2−8

商代晚期

通高 16.2 厘米，口徑 24.1 厘米

腹徑 19.5 厘米，底徑 15.4 厘米

侈口，腹部向下收斂，圈足。頸部和圈足飾有相同的紋飾帶，即裝飾一周省變形饕餮紋，上下皆有連珠紋爲欄。頸部設有四個獸首，腹部滿飾斜方格乳釘紋，以雷紋爲地紋。

〇一五 韋簋

館藏號 2-412

商代晚期

通高 15.2 厘米，口徑 24 厘米

圈足徑 14.9 厘米

侈口，深腹，腹部向下收斂，矮圈足。頸部飾三道弦紋，圈足上飾一道弦紋。器内底鑄銘文一字“韋”。銘文拓片著録於《集成》2944，《銘圖》7・03458。《銘圖》謂銘文鑄於口沿，不確。

〇一六 竊曲紋簋

館藏號 2–9

西周晚期

通高 20.2 厘米，口徑 19.3 厘米

腹徑 24.5 厘米，足徑 16.9 厘米

失蓋，弇口鼓腹，圈足下置三獸首足，腹部兩側設獸首耳。腹上部飾一周帶目竊曲紋，腹下部飾四道弦紋，圈足飾一周竊曲紋。

○一七 | 𢼊簋

館藏號 2-10

西周晚期

通高 15.6 厘米，口徑 19.5 厘米

腹徑 23 厘米，圈足徑 16 厘米

失蓋，弇口鼓腹，圈足下置三獸首足，腹部兩側設獸首耳，下垂珥。口沿下飾一周帶目竊曲紋，腹部飾瓦紋，圈足一周飾并列式鱗紋。内底鑄有銘文兩行十四字（其中重文二），作："𢼊𦣞妊乍（作）寶簋，子（子子）孫＝（孫孫）永寶用亯。" 銘文拓片著録於《集成》3785，《銘圖》9·04685。《銘圖》所配器圖，圈足下連鑄三條象鼻形小足，頸部所飾竊曲紋爲無目竊曲紋，這些特徵均與此器不合。

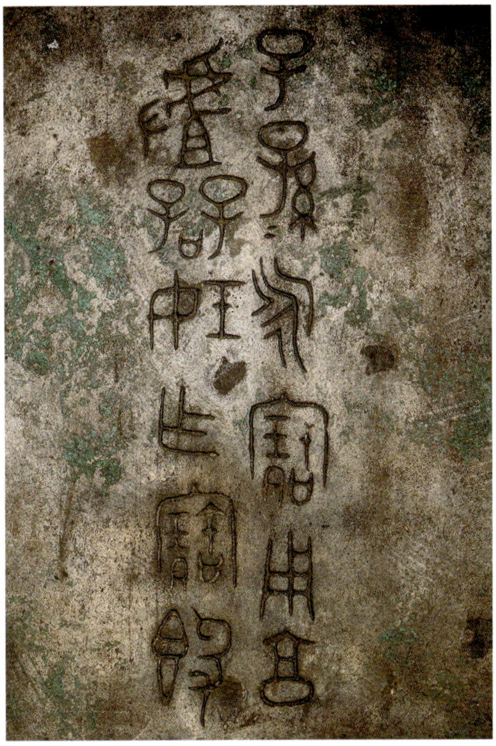

○一八

德簋

館藏號 2-391

西周晚期

通高 19.4 厘米，口徑 23.5 厘米

腹徑 28 厘米，足徑 17.5 厘米

失蓋，弇口鼓腹，圈足下置三獸首象鼻足，腹部兩側設獸首耳，下垂珥。口沿下飾一周竊曲紋，腹部飾瓦紋，圈足一周飾垂鱗紋。内底鑄有銘文三行十七字（其中重文二），作："德其肇乍（作）簋，其萬年眉壽，子=（子子）孫=（孫孫）永寶用。"銘文拓片著録於《集成》3889，《銘圖》10·4817。《銘圖》所配器圖不確。《集成》10110"德盤"與此德簋爲同人作器。

○一九 竊曲紋簋

館藏號 2–12

春秋早期

通高 8.2 厘米，口徑 12.1 厘米

腹徑 13.5 厘米，底徑 11.5 厘米

失蓋，弇口鼓腹，圈足，腹部兩側設獸首耳。紋飾大部分掩蓋於鏽塊下，不大清晰。口沿下飾一周竊曲紋，腹部飾瓦紋。

〇二〇

乳釘紋敦

館藏號 2–3

春秋晚期

通高 17.4 厘米，口徑 22 厘米

腹徑 21 厘米

侈口束頸，折肩，腹兩端設一對環耳，圜底，下承三個矮蹄足。器蓋隆起，亦有三矮蹄足，可却置。器、蓋通體飾乳釘紋。

〇二一　伯其父匫（gǔ）蓋

館藏號 2-403

春秋早期

通高 11.6 厘米，口徑 25.6×19.2 厘米，底徑 16.8×12 厘米

僅存器蓋，蓋口呈長方形，直口，蓋腹壁斜收，蓋口有六個獸面卡扣，蓋頂仰置的抓手每面中央均有長方形缺口，抓手外壁飾垂鱗紋和竊曲紋。蓋兩側設獸首環耳。蓋口沿飾一周省變形蟬紋，腹壁滿飾垂鱗紋。蓋頂内壁鑄銘文四行二十二字（其中重文二），作："唯白（伯）其（麒）父麐（麟）乍（作）旅祜（匫），用易（賜）眉壽萬年，子＝（子子）孫＝（孫孫）永寶用之。"此器又名伯其父簠，銘文拓片著録於《集成》4581，《銘圖》13·05913 等，《銘圖》未提供器形。

○二二

仲㓞父鬲

館藏號 2-395

西周晚期

通高 15.9 厘米，口徑 19.5 厘米

腹徑 19 厘米

寬折沿，方唇，束頸，腹部分襠綫較淺，下承蹄足，兩側設附耳。腹與足對應處設扉棱。外底留有雙層三角形底範綫痕迹。腹部裝飾夔龍紋。器腹内壁有銘文兩行六字，作："中（仲）㓞父乍（作）齍鬲。"銘文著録於《集成》3·544，《綜覽》鬲 72，《銘圖》6·02745 等。

〇二三 畢姬鬲

館藏號 2–244

西周晚期

通高 12.6 厘米，口徑 17.5 厘米

腹徑 16 厘米

寬折沿，方唇，束頸，腹部分襠綫較淺，下承蹄足。腹與足對應處設扉棱。外底留有三角形底範綫痕迹。腹上部飾一周横鱗紋，下部飾直條紋。口内沿鑄銘文一周十九字（其中重文二），作："白（伯）夏父乍（作）畢姬尊鬲，其萬年子＝（子子）孫＝（孫孫）永寶用亯。"

此器又名“伯夏父鬲”，其拓片著録於《集成》0720，《銘圖》6・03000。《集成》共著録 10 方與此器同銘的伯夏父鬲銘文拓片（0719-0728），據“銘文説明”，器物收藏情况是：上海博物館藏 3 件伯夏父鬲（0722、0725、0727。《夏商周青銅器研究》著録有器形與拓片圖，但圖 371.2 錯配拓片，應配以《集成》0727），[1] 故宫博物院藏 2 件（0724、0726），南京大學考古與藝術博物館藏 1 件（0728），瑞典斯德哥爾摩遠東古物館藏 1 件（0721）。從公布的器形圖版來看，這些同銘青銅鬲器形、紋飾均相同。此外，《集成》2584 著録一方伯夏父鼎銘文拓片，與伯夏父鬲同銘。該器 1974 年出土於陝西岐山縣賀家村西周窖藏。

① 陳佩芬：《夏商周青銅器研究・西周篇下》，上海古籍出版社，2004 年，430 頁。

〇二四 **錐足鬲**

館藏號 2-253

春秋時期

通高 17.3 厘米，口徑 19 厘米

腹徑 21.5 厘米

折沿，口沿外侈，束頸，淺腹，三袋足。腹部飾一周竊曲紋。

〇二五　夸甗

館藏號 2-405

商代晚期

通高 35 厘米，口徑 22.5 厘米

腹徑 19 厘米

侈口，方唇，口沿兩端設一對立耳，深腹束腰，下體爲分襠款足鬲，足下端作柱狀。失箅，體外範綫清晰。頸部飾一周獸面紋，鬲腹雙綫人字紋，袋狀腹上各飾一雙眼睛。腹内壁鑄有銘文一字“夸”，銘文拓片著録於《集成》0790，《銘圖》7·03112。《銘圖》未附器圖。

〇二六 釜甑

館藏號 2-21

漢代

通高 29.8 厘米，口徑 13 厘米

腹徑 29 厘米，底徑 13.8 厘米

上甑下釜，套合在一起。甑敞口，平折沿，斜腹微鼓，腹上部環繞一道凸弦紋，兩側設有一對獸面鋪首，環耳已失，矮圈足與釜口承接，内底爲四等分條狀鏤空。釜斂口短頸，斜折肩，圜底，肩上設有一對獸面鋪首，環耳已失。腹部凸出平邊一圈，用於支撑器體於灶口上。

〇二七　鑄客豆

館藏號 2–409

戰國晚期

通高 29.7 厘米，口徑 14 厘米

足徑 9.8 厘米

豆盤呈半球形，直口，深腹，長柄，圈足，通體素面。口沿下刻銘文一行九字，作："鑄客爲王句（后）六室爲之。"銘文著録於《集成》4680，《銘圖》13·06138。據《集成》説明，此器 1933 年出土於安徽壽縣朱家集李三孤堆墓葬。《集成》4675–4679 所録鑄客豆拓片，均與此同銘。

〇二八 | 衛師魁

館藏號 2-433

戰國

通高 7.5 厘米，口徑 11 厘米

底徑 7 厘米

器體呈碗形，腹壁内收，平底，圈足。器體一側設一管狀把手。器内壁有銘文四字，作："衛師鑄□。"

酒器

○二九　父辛爵

館藏號 2-42

商代晚期

通長 17 厘米，通寬 8.7 厘米

通高 20.8 厘米，流長 6.9 厘米

流與尾向上翹起，流的根部設菌形雙柱。深腹圜底。下承三角形向外撇的三足。腹部一側設獸首鋬。腹部中央飾一周凸弦紋。鋬手一側的菌形柱上鑄有銘文二字“父辛”，銘文未見著録。

〇三〇 獸面紋爵

館藏號 2-45

商代晚期

通長 16 厘米，通寬 9.8 厘米

通高 20.7 厘米，流長 7 厘米

流與尾向上翹起，流的根部設菌形雙柱。深腹圜底。下承三角形向外撇的三足。腹部一側設牛首鋬。流和尾部釋蕉葉紋，腹部飾獸面紋。紋飾均以雷紋爲地紋。

〇三一 冋爵

館藏號 2-213

商代晚期

通長 18 厘米，通高 20 厘米

流長 8.1 厘米

流與尾向上翹起，流的根部設菌形雙柱。深腹圜底。下承三角形向外撇的三足，其中一足殘斷。腹部一側設獸首鋬。腹部飾由雷紋構成的獸面紋。鋬内腹壁上鑄銘文一字“冋”，銘文拓片著録於《録遺》388、《集成》7696、《銘圖》14・06900，《銘圖》未附器形圖。

〇三二　父甲爵

館藏號 2-220

商代晚期

通長 17 厘米，通高 21.2 厘米

流長 7.4 厘米

流與尾向上翹起，流與尾長度大致相同，流根處設菌形雙柱。深腹圜底，腹部一側設獸首鋬，下承三角形向外撇的三足。腹部飾雲雷紋組成的獸面紋帶。鋬內腹壁上有銘文1字“黽”，柱上有銘文二字“父甲”。銘文未見著録。

○三三　隹斝

館藏號 2-411

商代晚期

通高 22.3 厘米，口徑 14.5 厘米

侈口長頸，口沿兩端設一對菌狀柱，鼓腹分襠，腹一側有半環形鋬，三足下部作圓柱形。通體素面，口沿内壁鑄銘二字“隹[illegible]”，銘文著録於《集成》9192，《銘圖》20・10999。《銘圖》謂銘文鑄於鋬内，不確。

〇三四　蕉葉紋觚

館藏號 2-212

商代晚期

通高 24.6 厘米，口徑 15.5 厘米

腹徑 4.4 厘米，底徑 10 厘米

喇叭狀口，觚體明顯區分爲頸部、腹部和圈足三部分。長頸，腹部略鼓，腹上設置一對扉棱。高圈足逐漸向外侈張，圈足下折成階。頸部飾蕉葉紋，頸下部飾一周雷紋。腹部飾獸面紋，圈足上部飾一周折體蛇紋，圈足飾夔龍紋。

〇三五

[illegible]觚

館藏號 2-37

商代晚期

通高 27 厘米，口徑 16 厘米

腹徑 3.9 厘米，底徑 9.5 厘米

喇叭狀口，觚體明顯區分爲頸部、腹部和圈足三部分，圈足上部設一對十字形孔。長頸，頸下部與腹等粗，高圈足逐漸向外侈張，圈足下折成階。器腹和圈足均勻設置四條扉棱。頸部飾蕉葉紋，頸下部飾一周身體折曲的蛇紋。腹部飾分解式獸面紋，圈足上部飾一周横向蟬紋，圈足主體飾分解式獸面紋。整體紋飾以雷紋爲地紋。圈足内壁鑄銘文一字“[illegible]”，銘文未見著録。

〇三六 龏[illegible]觶

館藏號 2–40

商代晚期

通高 16.8 厘米，腹徑 9–10 厘米

底徑 6.2–7.3 厘米

器體橫截面呈橢圓形，口沿部分殘缺，侈口有蓋，蓋面隆起，頂部設一菌形鈕。束頸，鼓腹，圈足較高，圈足下折成階。蓋面、頸部、腹部及圈足均設二等分扉棱。蓋面與腹部飾獸面紋，口沿下飾一周三角蟬紋，頸部飾一周夔龍紋，圈足飾一周獸面紋，整體紋飾以雷紋爲地紋。器内底有銘文二字“龏[illegible]”，銘文拓片著録於《録遺》362、《集成》6152、《銘圖》19・10192 等，《銘圖》未録器圖。

〇三七

雙連杯

館藏號 2-208

戰國

通高 9.6 厘米，通長 17.5 厘米

口徑 7.3 厘米

此器爲兩個半球形杯連體而成。兩個杯體形制一致，窄折沿，深腹，圜底。每個杯體下承兩個蹄足，蹄足上端均飾有獸頭。器身通體素面無紋飾。兩杯體連接處前後兩側均銜接一銅環，環上端裝飾獸面。

〇三八

乳釘紋卮

館藏號 2-51

戰國早期

通高 10.30 厘米，長口徑 18 厘米

短口徑 14 厘米，長腹徑 19 厘米

短腹徑 16 厘米

器横截面呈橢圓形，鼓腹，圜底，四蹄足，腹部兩側設一對環鈕。器物通體素面，腹部飾乳釘紋。

〇三九

父丁卣

館藏號 2-211

商代晚期

通高 31.6 厘米，通寬 25.5 厘米

口徑 12.5–16 厘米，腹徑 17.5–24 厘米

底徑 14.8–19.2 厘米

器口呈橢圓形，直口高蓋，蓋隆起，蓋頂有花苞狀捉手，鼓腹，圈足外侈，頸部有一對半環鈕，套接索狀提梁，鈕外壁飾蟬紋。蓋頂面飾獸面紋，蓋沿、器體頸部和圈足均飾一周顧龍紋，頸部前後兩側各設一個浮雕獸首，器腹飾獸面紋，獸面兩側配以倒立的夔紋。器表均以雷紋爲地紋。器内底與蓋内壁均鑄銘文三字“父丁卣”，銘文未見著録。

○四○ 卿賈卣

館藏號 2-47

商代晚期

通高 20.5 厘米，通長 18.5 厘米

通寬 12.5 厘米，口徑 7.8-10.3 厘米

腹徑 12.5-16.5 厘米，底徑 9.8-12.8 厘米

器口呈橢圓形，直口帶蓋，蓋隆起，蓋頂有花苞狀捉手，鼓腹，圈足外侈。頸部設有一對半環鈕，套接索狀提梁。器蓋和頸部紋飾相同，一周菱格雷紋，上下皆有連珠紋爲界。頸部前後兩側各設一浮雕獸首。圈足飾兩周弦紋。器内壁與蓋内均有銘文一行三字“卿𡈼（賈）癸”，銘文未見著録。《集成》1700 所著録方鼎銘文與此一致，該鼎現藏美國華盛頓賽克勒美術館。

〇四一 亞㠱侯卣

館藏號 2-394

西周早期

殘高 27 厘米，口徑 9.4-12.5 厘米

器口呈橢圓形，直口，蓋殘破，蓋頂有圈狀捉手，鼓腹，器底殘破，圈足已失。頸部設有一對半環鈕，套接貘首鈕扁提梁。頸部飾兩周弦紋，前後兩側各設以浮雕貘首。通體素面。器蓋内壁有銘文兩行九字，作："乍（作）父丁寶旅彝。亞㠱侯。"銘文拓片著録於《三代》11·27·3、《集成》5924、《銘圖》21·11718 等。器圖未見著録。這些著録均稱此器爲"亞㠱侯尊"，認爲器形爲尊。據此實物，器形實爲卣。《集成》5923 著録有同銘器"亞㠱侯尊"，《銘圖》21·11717 附有器物尺寸和綫圖，所據爲劉體智《善齋吉金録》，當可信。此器被誤稱爲尊，疑與其同銘尊有關。

2-394

〇四二 牛首獸面紋尊

館藏號 2-209

商代晚期

通高 39.8 厘米，口徑 35 厘米

腹徑 31 厘米，底徑 20 厘米

敞口，頸較長，折肩，鼓腹，高圈足略向外撇，圈足上有三個十字形鏤孔。頸部飾三條弦紋，肩部飾一周夔龍紋，上下皆有連珠紋作界欄，四段扉棱將紋飾帶隔斷。肩腹連接部位設四個高浮雕牛首，腹上部分飾一周夔龍紋，腹下部飾連體獸面紋，圓睛突出，雙角作 S 形，末端内卷，以扉棱爲鼻梁。獸面兩側配以倒立的夔紋。圈足上部飾兩條弦紋，下部所飾紋飾帶與腹下部紋飾相同。

○四三　辨尊

館藏號 2-252

西周早期

通高 19.7 厘米，口徑 19.5 厘米

腹徑 15.5 厘米，底徑 14.5 厘米

喇叭口，頸部較長，下腹向外傾垂，矮圈足沿外折。頸部飾一周鳥紋，雷紋襯底，紋飾帶前後飾兩個浮雕獸頭。内底鑄有銘文兩行十字（其中族氏銘文計作二字），作："辨乍（作）文父己寶尊彝。馬豕。"

此器又名"辨作父己簋"，銘文拓片最早著録於于省吾《商周金文録遺》142號，器名爲"辨作文父己簋"，于省吾先生在該書目録中此器下記："《三代》6·43·3 異範。"此後，《總集》2315，《集成》3716，《銘圖》9·4618 諸書均照録作"辨作文父己簋"。《商周金文録遺》提到異範的《三代》6·43·3，《集成》著録爲 3714 號。《貞松》記載 3714 號銅簋"近出洛陽"。《三代》6·43·4 亦爲同銘器，《集成》著録爲 3715。這兩件辨簋現藏臺北故宮博物院，《故宮西周金文録》刊載了兩器的器形和銘文圖片。[①]

① （臺北）故宮博物院編輯委員會：《故宮西周金文録》，2001 年，90、91 頁。

○四四

獸面紋瓿

館藏號 2-224

商代晚期

通高 16 厘米，口徑 19.8 厘米

腹徑 26 厘米，底徑 17.8 厘米

折沿，方唇，圓折肩，鼓腹，圈足。頸飾兩道弦紋，肩飾一周夔龍紋，上下皆有連珠紋爲界。腹飾列旗脊獸面紋，上下皆有連珠紋爲界，圈足飾雷紋。整體紋飾除突出獸目外，其餘均是以雷紋爲主的象徵性綫條。

〇四五

亞屰斗

館藏號 2-428

商代晚期

通長 35.4 厘米，口徑 4.2 厘米

腹徑 5.1 厘米

勺口微斂，腹微鼓，平底，長曲柄。通體飾直棱紋。柄背部鑄有銘文二字“亞屰”，銘文拓片著録於《集成》9910、《銘圖》25・14172。

〇四六 銅斗

館藏號 2-48

商代晚期

通長 22.5 厘米，通高 4.3 厘米

口徑 2.5 厘米，腹徑 2.9 厘米

底徑 2.1 厘米

斗口微斂，深腹，平底，長曲柄，柄尾端呈圭形。斗柄中部飾蟬紋。柄尾部鑄有銘文三字，作："□且（祖）己。"銘文未見著録。

〇四七　散螭紋壺

館藏號 2–15

戰國晚期

通高 37.6 厘米，口徑 12 厘米

底徑 15.6 厘米

直口，長頸，溜肩，兩側各設一鋪首銜環，鼓腹，圈足。頸部飾由兩隻顧首龍組成一對的倒三角紋，肩部飾一周弦紋，腹部飾四周散螭紋帶，每條紋飾帶上下均以弦紋爲界欄。

〇四八

扁壺

館藏號 2-217

西漢早期

通高 28.5 厘米，通長 32 厘米

口徑 7.5 厘米，底徑 15.8×7.3 厘米

小圓口帶蓋，器蓋設一鋪首，環已失。直頸，器腹扁平橢圓，肩部兩側各設一鋪首銜環，下承長方形矮圈足。器通體素面。

〇四九　鈲鏤（hóu lòu）

館藏號 2–31

西漢中期

通高 17 厘米，口徑 8 厘米

腹徑 17 厘米

直口，頸較高，覆蓋，蓋頂面隆起，設三個半環狀提鈕。溜肩，扁圓腹，圜底，下承三獸足。肩部兩端設半環形鈕，各套接“8”字形鏈條，鏈條銜接一扁弧形提梁，提梁兩端爲龍首，提梁飾綯紋。

○五○

銅鈁

館藏號 2-14

西漢中期

通高 42.5 厘米，口徑 11.5×11.5 厘米

腹徑 20.5×20.5 厘米，底徑 12.9×12.9 厘米

器體呈方體四棱式，直口方唇，壺口微侈。盝頂蓋，蓋上設四立鈕。溜肩，四棱腹，腹四面鼓出，前後兩面各設一鋪首銜環，方座。

〇五一 大吉壺

館藏號 2–242

東漢

通高 37 厘米，口徑 12.3 厘米

腹徑 24.5 厘米，底徑 22.2 厘米

直口，長束頸，溜肩，扁鼓腹，肩部兩側各設一鋪首銜環。腹部向內斜收，下承高圈足，圈足向外撇。肩部飾三道弦紋，通體素面。器物外底鑄銘文二字“大吉”。

〇五二　龍頭柄鐎斗

館藏號 2–25

漢代

通高 22.2 厘米，口徑 18.5 厘米

盆形器身，敞口，平折沿，平底，下承三細高足。腹部一側設有長柄，柄首揚起，手柄爲龍頭。

〇五三

銅樽

館藏號 2-19

漢代

通高 20.6 厘米，口徑 23.5 厘米

蓋徑 23 厘米，足徑 18.3 厘米

直筒形器身，圓蓋，蓋上設一環鈕。器腹中部有一周凸弦紋，腹兩側各設鋪首銜環。平底，下承三足。通體素面。

○五四 耳杯

館藏號 2–54

漢代

通高 3.1 厘米，口徑 7.9×12 厘米

底徑 4.1×6.9 厘米

器口呈橢圓形，兩側半月形口沿略微上翹，腹部内收，平底，素面。

水器

水　器

○五五 嬭盤

館藏號 2-408

春秋早期

通寬 38.6 厘米，通高 11.8 厘米

口徑 35.4 厘米，底徑 28 厘米

窄折沿，方唇，淺腹，腹兩側設一對附耳，圈足沿外侈，下承接三條獸面小足。腹飾竊曲紋，圈足飾垂鱗紋，附耳外側面飾重環紋。内底鑄有銘文三行十八字（其中重文二），作："楚季敬乍（作）嬭（芈）隩（尊）賸（媵）盥般（盤），其子=（子子）孫=（孫孫）永寶用亯。"銘文拓片著録於《集成》10125、《銘圖》25・14465。《銘圖》所附器圖爲綫圖。

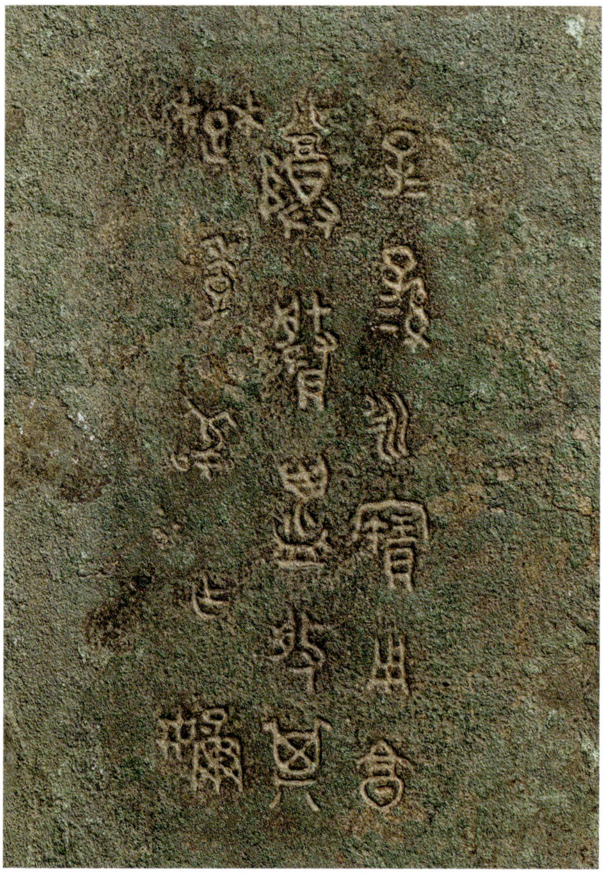

〇五六

素面匜

館藏號 2–156

春秋時期

通高 7.2 厘米，通長 16.4 厘米

通寬 9.1 厘米

寬長流上揚，圜底，下承三短足，器後設一環耳。整體素面，做工粗糙。

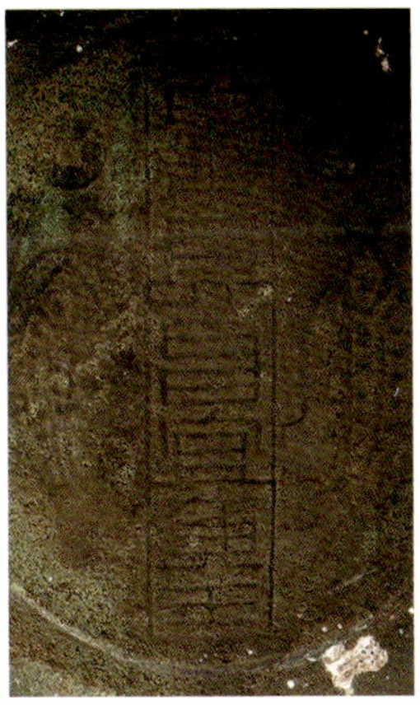

○五七 富貴昌洗

館藏號 2–33

東漢

通高 20.4 厘米，通寬 41 厘米

口徑 40.7 厘米，腹徑 38 厘米

底徑 25.8 厘米

圓形，敞口，束頸折腹，平底，腹部飾四周凸弦紋，腹部兩側設置鋪首銜環。器内底鑄有一行銘文六字“富貴昌，宜侯王”，銘文兩側各飾一組魚紋和銅錢。

樂器

〇五八 **亞𧊒鐃**

館藏號 2-227

商代晚期

通高 15.8 厘米

器口内凹，口沿外壁正中突起一個方塊，即鐃的敲擊點。横截面呈葉形，腔體兩面均飾獸面紋。執柄呈圓柱形，中空，并與腔體相通。腔體内壁鑄“亞”字框族氏銘文“亞𧊒”，執柄下端鑄銘文一字“左”。銘文拓片著録於《集成》00403、《銘圖》29・15912。

○五九 獸面紋鐃

館藏號 2–59

商代晚期

通長 11 厘米，通寬 7.7 厘米

通高 14 厘米

器口内凹，横截面呈葉形，腔體兩面均飾獸面紋。執柄呈圓柱形，中空，并與腔體相通。

〇六〇

鈕鐘

館藏號 2–62

春秋時期

通高 13.8 厘米，通寬 5.3 厘米

鈕近扁方形，飾三角雷紋，枚作螺旋形，篆飾鳳鳥紋，鼓部飾兩組龍紋。紋飾均磨損較爲嚴重。

〇六一 鈕鐘

館藏號 2-61

戰國

通高 27.7 厘米，舞修 14 厘米

舞廣 11.3 厘米

鈕近扁方形，飾綯紋，舞部飾蟠螭紋，枚作兩層圓臺形，頂部有殘斷，篆飾蟠螭紋，鼓部飾兩組龍紋。

〇六二 鎏金鈕鐘

館藏號 2-218

西漢

通高 18.6 厘米

鈕近扁方形，枚作螺旋形，通體鎏金。

○六三 | 甬鐘

館藏號 2-205

戰國

通高 52 厘米，通寬 28.5 厘米

甬部有三層紋飾帶，最上層飾三角形紋，其餘兩層爲蟠螭紋，旋飾三角顧龍紋，幹設獸首紋，舞部飾蟠龍紋，枚作兩層圓臺形，篆飾竊曲紋，鼓部飾兩組龍紋。

○六四　銅鉦

館藏號 2-401

戰國

通高 42 厘米，通寬 12.5 厘米

舞縱 10.4 厘米，舞横 10.6 厘米

執柄呈圓柱狀，柄端有半環鈕，器體呈上大下略小的圓筒形，口部弧曲。内壁有四條凸綫，通體素面。内底鑄有銘文二字“弄（？）鈴”[1]。

① 此銘文二字疑僞。

〇六五　**錞于**

館藏號 2-225

西漢

通高 50 厘米，口徑 26.5 厘米

腹徑 26 厘米，底徑 17.8 厘米

器體呈圓筒形，上端圓鼓，頂端盤上立一虎鈕，虎鈕兩側各飾一魚紋。通體素面。

兵器

〇六六 **曲内戈**

館藏號 2-105

商代

通長 31 厘米，通寬 8.5 厘米

厚 0.5 厘米

曲内無胡，圓弧形内尾，長條形援，有上下闌，内後段飾鳥紋。

○六七 **銎内戈**

館藏號 2–264

商代

通長 23.3 厘米，通寬 5.7 厘米

厚 2.2 厘米，銎徑 1.7–2.8 厘米

銎内，無胡，長條形援。橢圓形銎位於援本中部偏上，方内與銎等寬。内兩面中間均飾四瓣目紋，兩側飾簡化夔紋。

〇六八 上戈

館藏號 2-111

春秋

通長 18.5 厘米，通寬 11.1 厘米

厚 0.6 厘米

長方形内，内上設一長方形穿，長胡，闌部設三穿。通體素面。内部有銘文1字“上”。

〇六九　侯戟

館藏號 2-165

西周

通長 27.5 厘米，通寬 19 厘米

厚 0.4 厘米

十字形戟，戟頭全器一次性灌鑄而成，戈的援本上下伸延，上成矛葉與鋒，矛葉下設一穿；下成戈胡，胡上設二穿。戈援有三條戟棱，後端近援本處有一圓穿。通體素面。内上鑄銘文 1 字“侯”。銘文著録於《集成》10794、《銘圖》30・16251 等。

○七○ 滕侯戟

館藏號 2-168

春秋

通長 27 厘米，通寬 11.9 厘米

厚 2.5 厘米

援細長上揚，前刃與鋒部略下彎，長胡一穿；内部狹長上揚，上設一穿，三面皆有刃，上飾四道細弦紋。通體素面，闌側鑄有銘文 6 字，作：“滕侯昃之艁（造）戟。”銘文未見著録，同銘器有《集成》11123（《銘圖》31・16753）之滕侯昃戟。[①]

① 吉大所藏這件滕侯戟銘文，應該是仿造《集成》11123之滕侯戟銘文而作。

〇七一

蟬紋矛

館藏號 2-97

商代

通長 26.7 厘米，通寬 6 厘米

厚 2.5 厘米，孔徑 1.9 厘米

矛鋒尖鋭，兩翼寬刃，呈柳葉形，骹下部較粗，向上漸細，與脊相通。銎呈圓形，近銎兩側各設一半圓形繫。骹部飾三角蟬紋，銎沿飾渦紋。

○七二　銅矛

館藏號 2-96.1

商代

通長 25.8 厘米，通寬 6.7 厘米

厚 2.5 厘米

矛鋒尖鋭，長葉，葉身基部留有穿孔爲繫，骹下部較粗，向上漸細，與脊相通。銎呈圓形。通體素面。

○七三 **銅矛**

館藏號 2–279

戰國

通長 18 厘米，通寬 2.9 厘米

孔徑 2 厘米，厚 2.4 厘米

矛鋒略圓鈍，兩翼呈凹弧形面，刃狹長，骹下部較粗，正面設一小繫。銎呈圓形。通體素面。

○七四 管銎斧

館藏號 2-258

商代晚期

通長 12.3 厘米，通寬 8.6 厘米

厚 2.1 厘米，銎徑 4 厘米

斧身呈橢圓形，管狀銎較長，兩端銎口各連鑄一道突出的箍包，下端銎口外側有一方形鈕。銎背中部有一扁長方形凸起。通體素面。

〇七五 管銎斧

館藏號 2-281

商末周初

通長 13 厘米，通寬 4.5 厘米

厚 1.7 厘米

斧身呈長方形，弧刃，管銎内，内背中部有一柱狀凸起。斧身有三條平行直綫凸脊，一直延伸至内部。通體素面。

〇七六　管銎斧

館藏號 2-434

西周早期

通長 12 厘米，通寬 4 厘米

厚 2.2 厘米，刃寬 4 厘米

斧身呈長條形，弧刃，管銎内，管銎上端與斧本部齊平，下端延出一段，其上有圓穿。銎與身一體，内背有方形凸起。斧身有四條平行直綫凸脊，一直延伸至内部。通體素面。

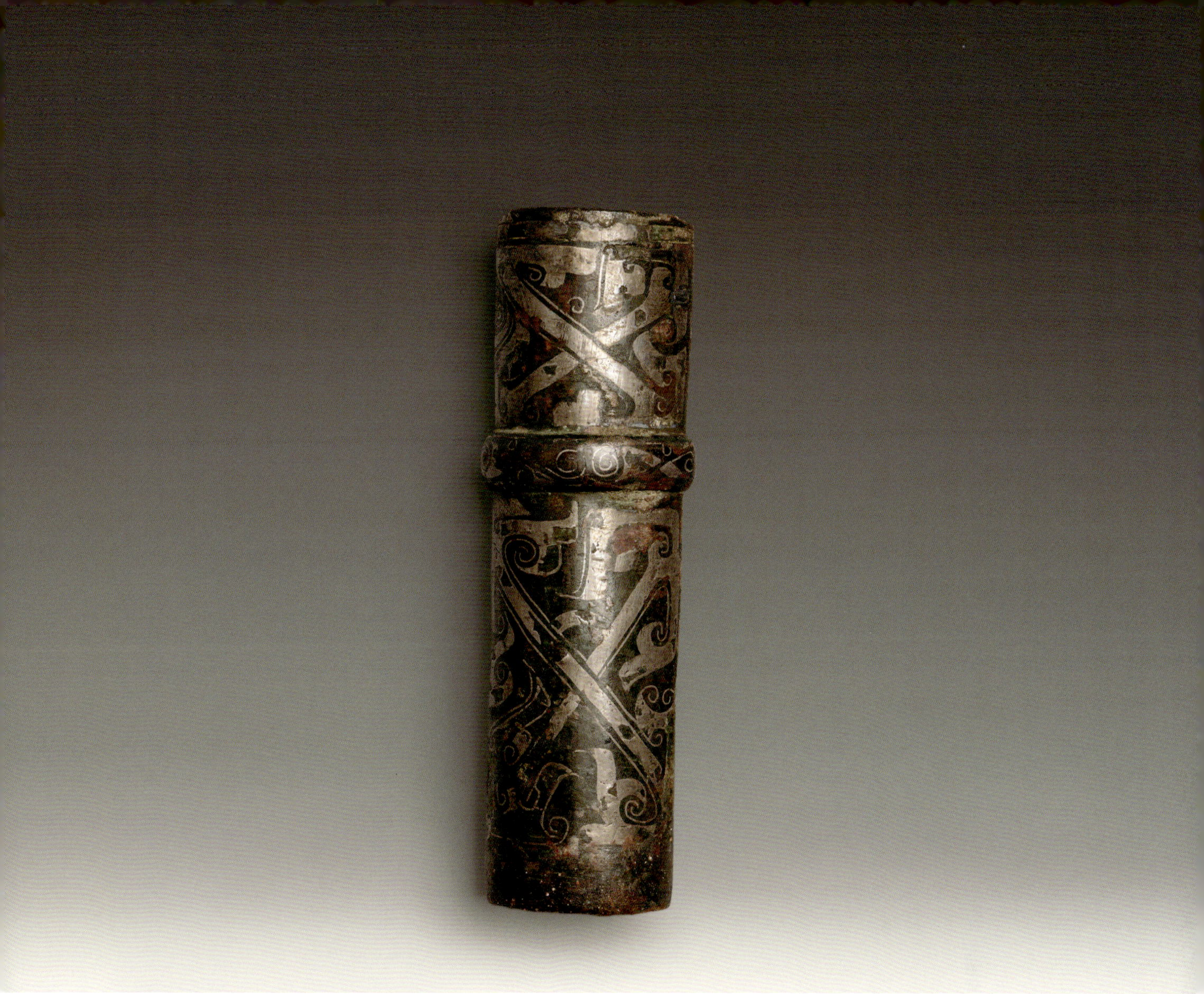

○七七 鎏金銀銅鐏

館藏號 2-261

戰國

通長 11 厘米，通寬 3.3 厘米

厚 2.5 厘米

圓筒形，中部連鑄一凸起箍包。器表飾鎏金銀幾何圖案。

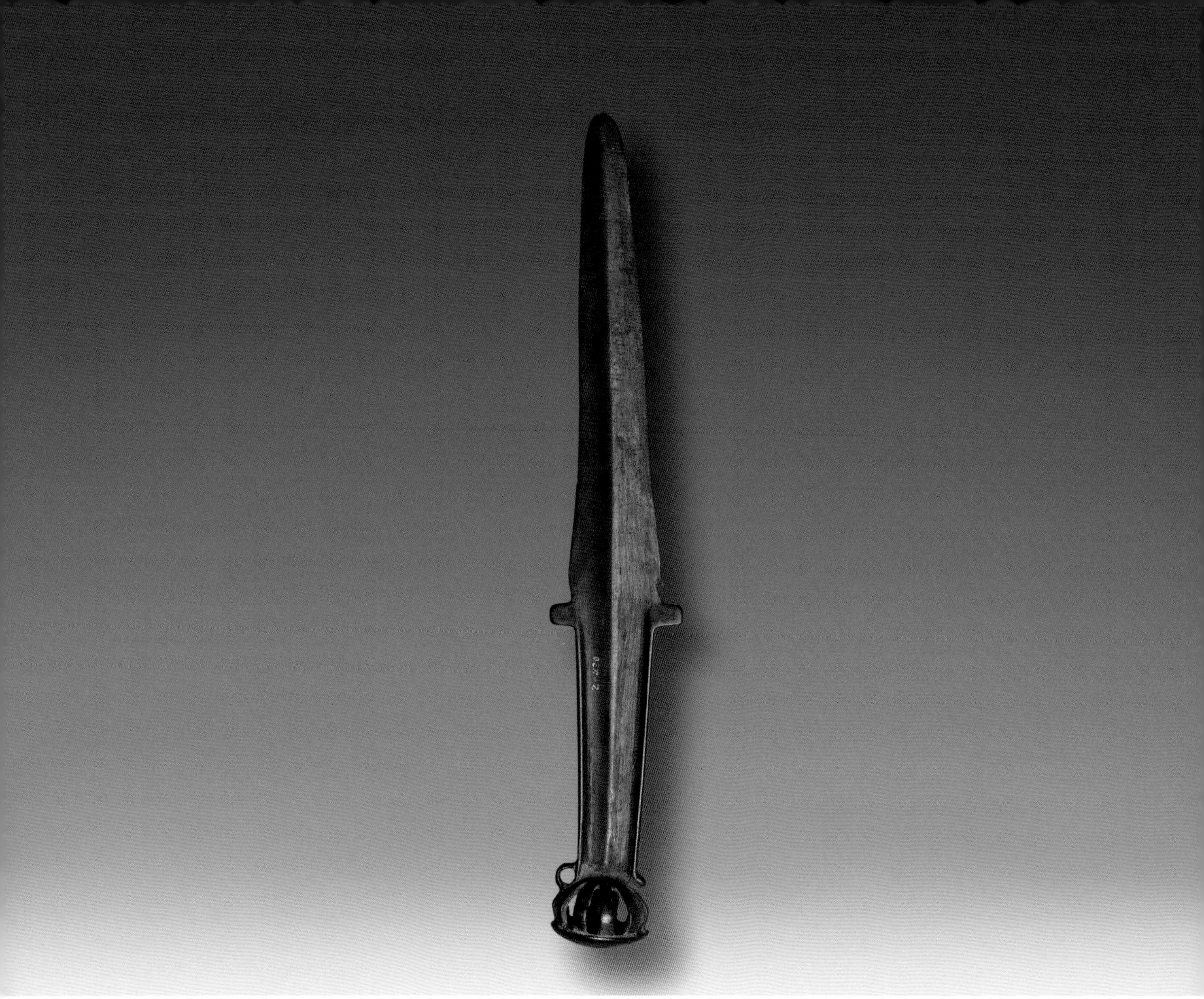

〇七八 鈴首劍

館藏號 2-430

商末周初

通長 29 厘米，通寬 4.8 厘米

莖長 3.4 厘米，厚 0.5 厘米

劍身略弧曲，中脊凸出，短格，扁莖，鈴首，鈴首側端設一小繫。通體素面。

〇七九

曲刃短劍

館藏號 2–530

春秋

通長 24.8 厘米，通寬 5 厘米

厚 1.1 厘米

曲刃，劍身中脊凸起，上細下粗，與莖貫通，無格，無首。通體素面。

○八○ 龍首劍

館藏號 2-262

春秋

通長 29.5 厘米，通寬 3.9 厘米

厚 1.8 厘米

劍身狹窄，中脊凸出，窄格，扁莖，莖與首混鑄一體，莖飾蟠龍紋。

○八一 雙鳥回首劍

館藏號 2–270

春秋

通長 28.2 厘米，通寬 5.2 厘米

厚 1.1 厘米

劍身與莖近乎等長，劍身中脊凸出，寬格，扁莖，莖部有凸起的脊綫，劍首作雙鳥回首造型。通體素面。

〇八二　銅劍

館藏號 2-92

戰國

通長 54.4 厘米，通寬 5.4 厘米

厚 1.1 厘米

劍身狹長，圓莖，上下等粗，中有兩條平行凸箍，圓首，厚格。通體素面。

〇八三 銅劍

館藏號 2-88

東周

通長 49.2 厘米，通寬 5.1 厘米

厚 0.9 厘米，莖長 3.7 厘米

劍身狹長，圓莖，莖上細下粗，中空透底，圓首，有格。通體素面。

○八四 銅劍

館藏號 2–90

東周

通長 51.3 厘米，通寬 5 厘米

厚 2 厘米，莖長 1.5 厘米

劍身狹長，圓莖，上下等粗，實心，中有兩條平行凸箍，無首，有格。通體素面。

〇八五　環首刀

館藏號 2-466

商代晚期

通長 29 厘米，通寬 5 厘米

刃長 17.2 厘米，厚 1 厘米

刀身略弧曲，有下欄，柄部扁平，半環形刀首，環上均勻分布三個凸點，刀首下側設一小繫。柄部飾羽狀紋。

〇八六

銅刀

館藏號 2-283

商代

通長 14 厘米，通寬 1.9 厘米

厚 0.4 厘米

刀鋒略上翹，柄部扁平，末端有一小孔，柄部一面飾斜欄紋，另一面飾凸棱紋。

2-283

○八七 銅刀

館藏號 2-287

春秋

通長 20 厘米，通寬 1.9 厘米

厚 0.5 厘米

刀身較窄，刀柄末端有一三角形孔，柄部一面飾有一組紋飾。

○八八 銅刀

館藏號 2-461

春秋

通長 22 厘米，通寬 2.9 厘米

刃長 12.9 厘米，厚 0.65 厘米

刀身略弧曲，刀柄末端有一扁方形刀首，柄部兩面飾方格紋和斜格紋。

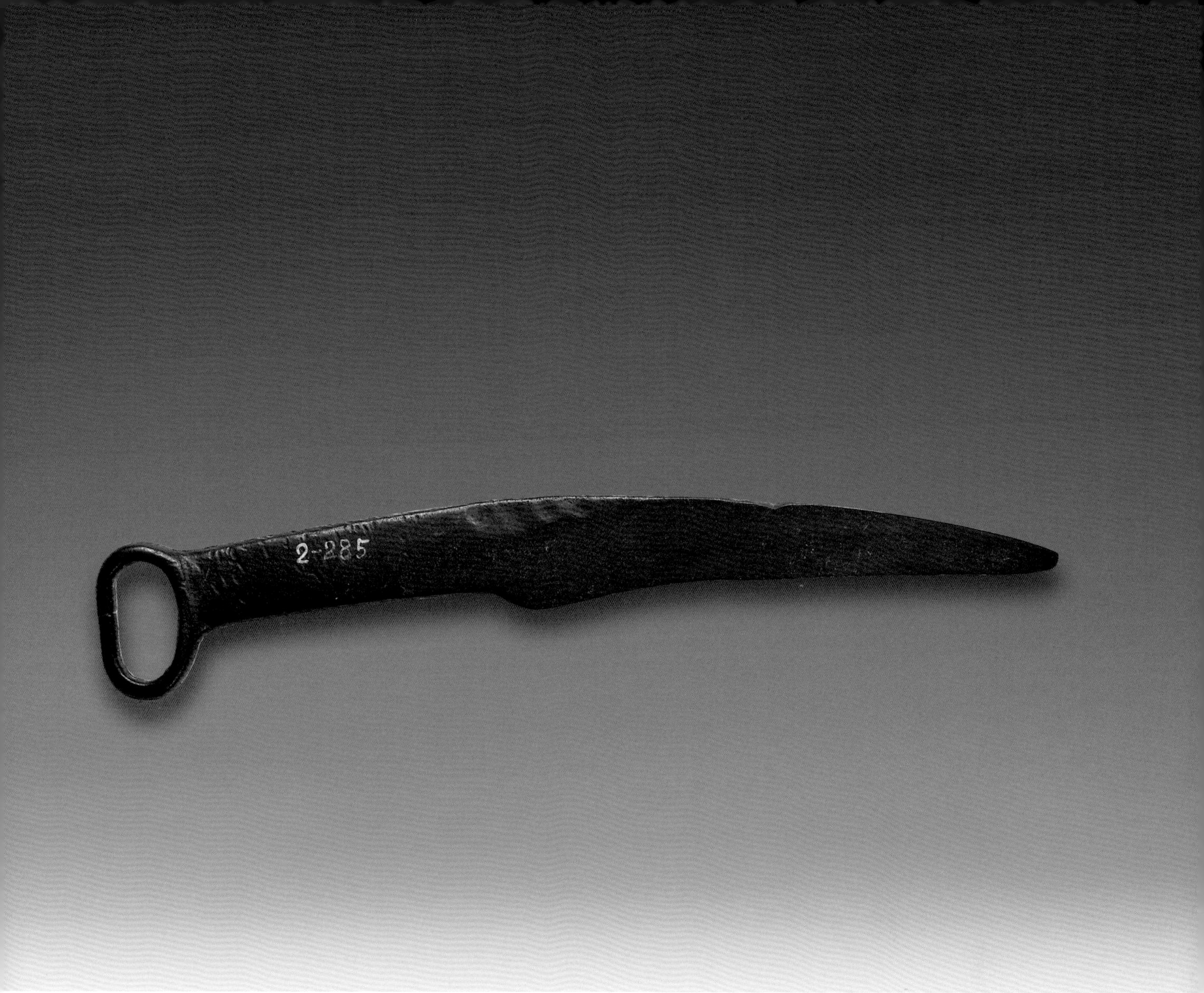

〇八九 環首刀

館藏號 2–285

春秋

通長 12 厘米，通寬 1.9 厘米

厚 0.3 厘米，環形刀首孔徑 1.4 厘米

刀身略弧曲，刀柄末端有一環形刀首。通體素面。

〇九〇 環首刀

館藏號 2-464

春秋

通長 20 厘米，通寬 1.8 厘米

刃長 11.5 厘米，厚 0.35 厘米

刀鋒略上翹，刀柄末端有一環形刀首。柄部兩面各飾一牛紋。

○九一 **銅刀**

館藏號 2-465

春秋

通長 20 厘米，通寬 1.9 厘米

刃長 10.3 厘米，厚 0.3 厘米

刀鋒略上翹，刀柄末端設一圓穿。柄部兩面飾有幾何圖案。

○九二 | **環首刀**

館藏號 2-269

東周

通長 25 厘米，通寬 2.9 厘米

厚 0.6 厘米

刀身略弧曲，有下欄，柄部扁平，環形刀首。通體素面。

〇九三　銅刀

館藏號 2–257

周代

通長 21 厘米，刃長 12.5 厘米

厚 0.8 厘米

刀身略弧曲，柄部扁平，刀柄飾四匹一組的馬紋。

○九四

銅鏃

館藏號 2-289.2

西周

通長 5.4 厘米，通寬 1.9 厘米

厚 0.8 厘米

雙翼鏃，中脊圓鼓突出，雙翼後鋒向下斜伸較長，與脊形成鋭角。右翼葉上有一符號。

〇九五 銅鏃

館藏號 2–290

戰國

通長 6.6 厘米，通寬 1 厘米

厚 0.8 厘米

三翼鏃，中脊圓鼓突出，鏃身較短，脊部較長。

〇九六 | 右得工鏃

館藏號 2-289.1

戰國

通長 4.4 厘米，通寬 1.2 厘米

厚 1 厘米

三翼鏃，無後鋒，鋌殘斷。中脊上有 3 字“右日工”，此類銘文常見於戰國銅鏃，一般釋作“右得工”。

○九七 銅鏃

館藏號 2−157.4

漢代

通長 4 厘米，通寬 1.3 厘米

厚 1.1 厘米

三翼鏃，尖鋒，後鋒尖銳，翼上穿孔。

〇九八

銅箭

館藏號 2-485

東周

通長 17 厘米，通寬 0.8 厘米

厚 0.8 厘米

鏃身呈三角形，無翼，長鋌作四棱柱形，細長。

〇九九　弩機

館藏號 2-116

西漢成帝元延二年

通長 15.5 厘米，通寬 10.5 厘米

厚 2.8-5.5 厘米

由銅郭、望山、懸刀、鈎心和鍵組裝而成。銅郭上刻有銘文三行十三字，作："元延二年工馮賢造掾武令吏省。""元延二年" 即西漢成帝二年（公元前 11 年）。

車馬器

車馬器

一〇〇　軏首飾

館藏號 2-125

西周晚期

通高 7 厘米，通長 10.1 厘米

通寬 4.9 厘米

器形呈倒梯形，上頂爲棗核形，下口爲橢圓形。器身飾夔龍紋，下口頸部飾一周橫鱗紋。

軛脚飾

館藏號 2-301

西周

通長 13 厘米，厚 3.4 厘米

兩件一組，呈“C”形，一端呈圓管狀，管首平齊，其餘部分呈半管狀，側面有一長方孔。

一〇二

鑾鈴

館藏號 2-123

西周

通高 17 厘米，通長 8.7 厘米

底徑 4.6×3 厘米

下端爲梯形銎座，銎座四面正中均有三道凸棱，下端各有一個穿孔。前後兩面的凸棱兩側各有一列菱形凸起。銎座上接球形鐸鈴，鐸鈴一側封閉，正中有圓孔，另一側有三角形鏤孔，鐸鈴内含彈丸，寬邊鏤孔葉輪。

一〇三

虎頭車轄軎

館藏號 2-119

西周

通長 14.5 厘米，通寬 10.5 厘米

轄首作虎頭，立耳豎起，高鼻露齒，耳部有對稱連通的方孔，轄首頂呈半月形，有扁平長條形鍵，鍵尾端有一方孔。銅軎呈筒狀，口大頂小，頂端平齊，內段有一對長方形轄孔。

一〇四　蓋弓帽

館藏號 2–128.1

戰國

通長 6 厘米，通寬 2.2 厘米

下端呈圓筒形，上端近似亞腰六棱柱形，頂端封口，中腰有一對穿銷孔，中部向上突起一個棘爪。

一〇五 蓋弓帽

館藏號 2-294.7

戰國

通長 5 厘米，通寬 1.7 厘米

厚度 0.9 厘米

呈圓筒形，下端粗，上端細而扁平，頂端封口，下端有一穿銷孔，中部向上突起一個鷹頭狀棘爪。器身施有羽飾。

一〇六

弓形器

館藏號 2-129

商末周初

通長 33.5 厘米，通寬 4.9 厘米

厚 1.2 厘米

器呈弓形，器身内壁下凹，背部拱起，中心處有一圓突。背部中間飾菱形圖案，兩側邊緣飾席紋。弓身兩端伸出連弧狀曲臂，臂端有鏤孔小鈴，内含彈丸。

一〇七 當盧

館藏號 2-134.1

西周早期

通長 20 厘米，通寬 9.4 厘米

厚 1.4 厘米

上部作雙角形，中部爲圓泡，微鼓，底部爲垂圭形，背部有鈕。通體素面。

一〇八

蟬形泡

館藏號 2-311.4

西周

通長 5.6 厘米，通寬 3.8 厘米

厚 0.9 厘米

器似蟬形，器面飾淺浮雕獸面紋，下部飾直棱紋，背面有兩條橫梁。

一〇九 雲紋泡

館藏號 2-135.4；2-135.6

西周

通長 8 厘米，通寬 5.5 厘米

厚 0.8 厘米

器形作卷雲狀。

一一〇 矢笴泡

館藏號 2-469

西周

直徑 13.2 厘米，厚 2.4 厘米

圓泡形，素面。圓泡内側面上有二字銘文："矢笴。"

節約

館藏號 2-300.2

西周

通長 4 厘米，通寬 3.5 厘米

厚 1.3 厘米，孔徑 0.8 厘米

器呈十字形圓管，中間作鼓面形，素面。背部爲菱形孔。

一一二 **馬銜**

館藏號 2-323

西周

雙節馬銜通長 18.6 厘米，通寬 2.8 厘米，厚 0.5 厘米

單節馬銜通長 12 厘米，寬 2 厘米，厚 0.9 厘米

雙根馬銜由兩節環套接而成，一節兩端扭成垂直，另一節近“8”字形。兩節相連的環呈水滴形，外端近橢方形。單節馬銜兩端均爲水滴形環。

一一三 鈴首鑣

館藏號 2–439.2

西周

通長 16 厘米，通寬 2.7 厘米

厚 2.6 厘米

圓形長柄，一端爲鏤孔小鈴，内含彈丸；一端扁平。長柄中部爲一圓孔，圓孔兩側柄背上各有一半環鈕。

一一四 馬鑣

館藏號 2–299.1

西周

通長 13.4 厘米，通寬 6.8 厘米

厚 1.4 厘米

角形馬鑣，作扁條狀，上圓下方，彎曲成角形。頂端有一半環鈕，中部有一圓穿，圓穿旁有一短柱。背面有雙半環鈕。

一一五 **馬鑣**

館藏號 2-299.2

西周

通長 12.8 厘米，通寬 5.5 厘米

厚 1.4 厘米

角形馬鑣，作扁條狀，上圓下尖，彎曲成角形。上部有一橢方形穿，頂端有一半環鈕，背面有兩根貫穿的橫管。

一一六 **馬鑣**

館藏號 2-133

西周

通長 10 厘米，通寬 6.3 厘米

厚 1.2 厘米

器似一對相連接的牛角形，中間有一環形穿，背面有兩鈕。

一一七 馬鑣

館藏號 2-308

西周

直徑 9.5 厘米，孔徑 1.5 厘米

厚 1.3 厘米

圓形，通體如鳥之卷曲形，中心有一圓穿。背面有四個半環鈕。

一一八

馬鑣

館藏號 2-310.1

西周

通長 7.8 厘米，通寬 5.7 厘米

孔徑 1.4 厘米，厚 1.5 厘米

器體呈方形，兩邊各有一條貫通的横管，中間有一圓穿。一側附有一半圓形梁。

其他用器

一一九 **虎符**

館藏號 2–507

漢代

通長 6.8 厘米，通寬 7.5 厘米

厚 1.5 厘米

器作卧虎形，存半邊。前胸有銘文 4 字“騶男，右五”，背部銘文 4 字“虎符第五”。

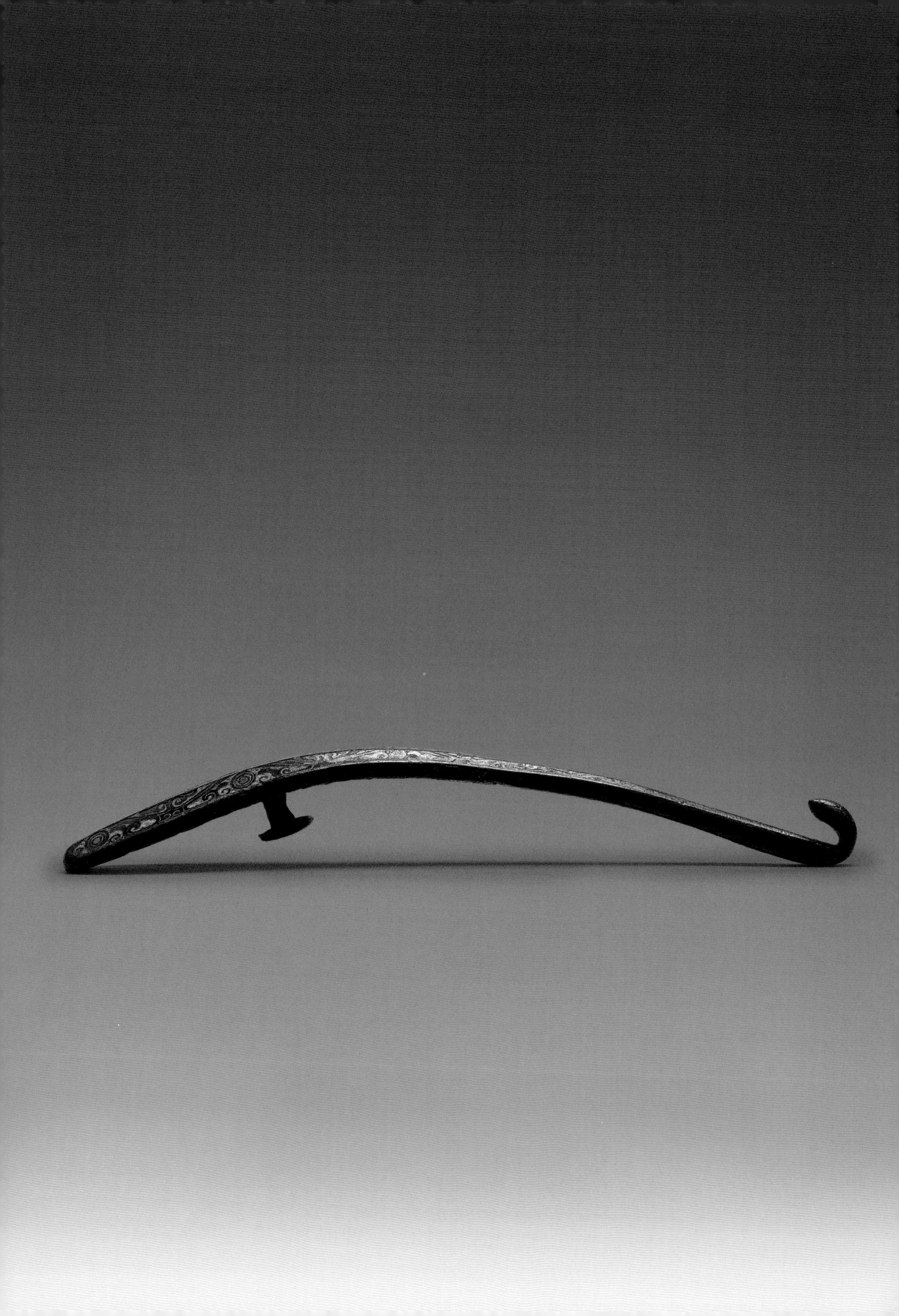

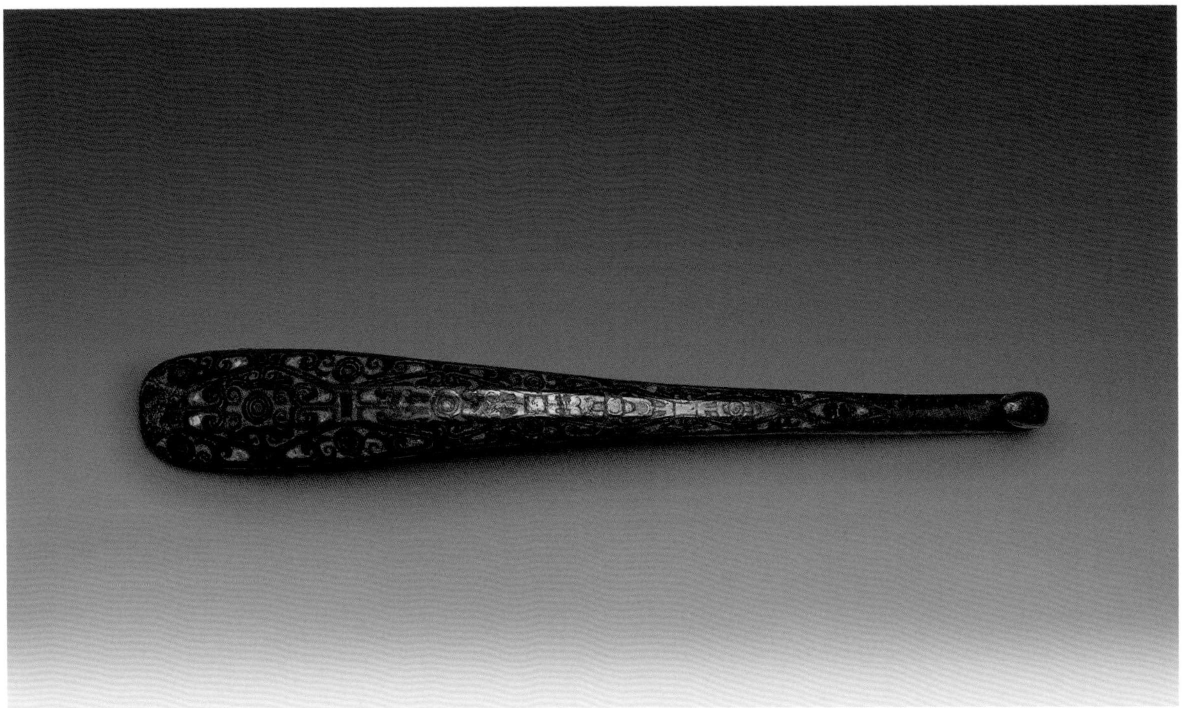

一二〇

嵌松石帶鈎

館藏號 2–325

戰國

通長 22 厘米，通寬 3 厘米

厚 2 厘米

外輪廓近似琵琶形，鈎鈕靠近鈎尾。鈎身有錯金花紋，嵌綠松石。

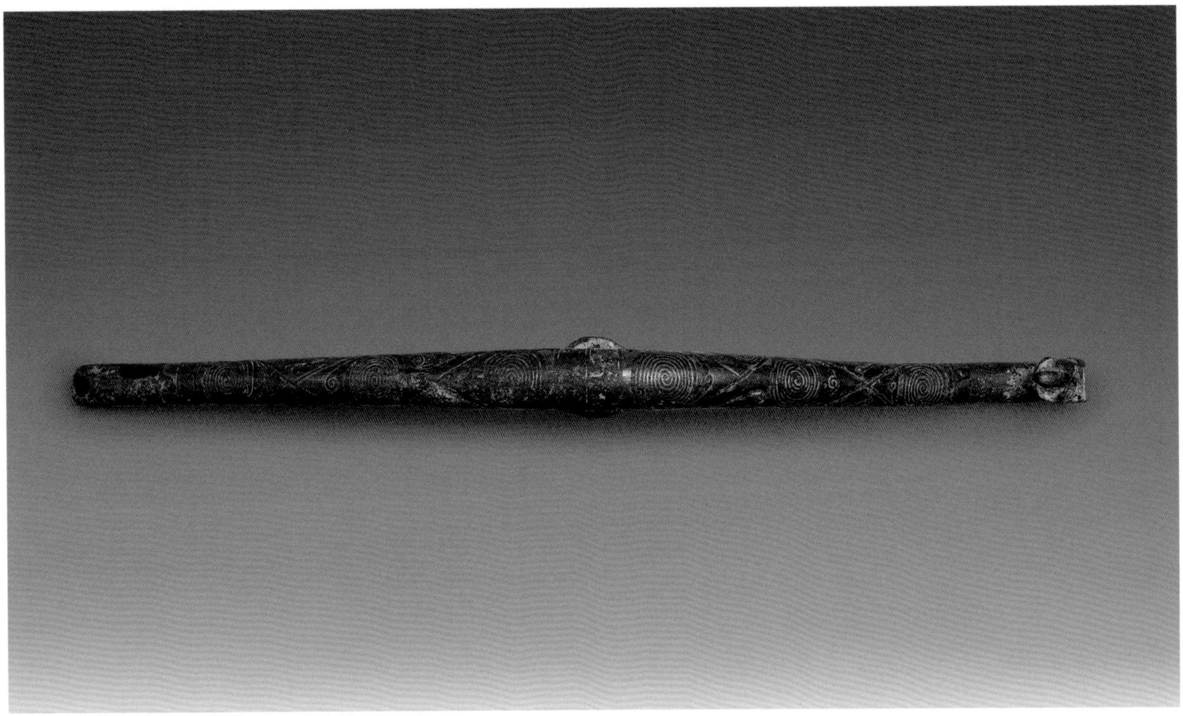

一二一

嵌銀絲帶鉤

館藏號 2-331

漢代

通長 18.5 厘米，通寬 1 厘米

厚 1.6 厘米

鉤體呈曲棒形，鉤鈕位於鉤身中部。鉤身飾錯銀絲幾何花紋。

一二二 | 鹿紋牌飾

館藏號 2–342

春秋中期到戰國早期

通長 5 厘米，通寬 2.4 厘米

厚 0.25 厘米

牌飾整體呈方形，内有四隻鹿。

一二三

虎紋牌飾

館藏號 2-340

春秋晚期到戰國早期

通長 10 厘米，通寬 5.5 厘米

厚 0.3 厘米

牌飾作猛虎噬鹿狀。

一二四 奔鹿紋牌飾

館藏號 2-338

春秋晚期到戰國早期

通長 5 厘米，通寬 3.5 厘米

厚 0.4 厘米

牌飾作奔鹿狀。

一二五 鷹虎鬥牌飾

館藏號 2–337

春秋晚期到戰國早期

殘長 8.5 厘米，通寬 8.5 厘米

厚 0.4 厘米

牌飾作猛鷹與虎互相撕咬狀。

一二六　雙鹿紋牌飾

館藏號 2-333

漢晉時期

通長 7 厘米，通寬 5 厘米

厚 0.5 厘米

牌飾作兩鹿相對而立之形態。

一二七 雙羊紋牌飾

館藏號 2-332

漢晉時期

通長 12 厘米，通寬 6 厘米

厚 0.9 厘米

牌飾作兩羊相背而立之狀。

一二八

卧鹿

館藏號 2-339

戰國中晚期

通高 8.5 厘米，通長 8 厘米

通寬 2.4 厘米

銅鹿作四足蹉跪狀，頭頸昂起，雙耳聳立，雙目眺望前方。

一二九 | 博山爐

館藏號 2-229

漢代

通高 16.4 厘米，口徑 7.6 厘米

腹徑 9.6 厘米，足徑 7 厘米

底盤徑 19.5 厘米

爐體作青銅豆形，爐蓋鏤空，蓋高而尖，呈重疊山形，爐盤作平底形。

一三〇 熏爐

館藏號 2-57

漢代

通高 19.9 厘米，口徑 12.2 厘米

腹徑 14 厘米，足徑 7.4 厘米

底盤徑 19 厘米

爐體作青銅豆形，爐蓋鏤空，蓋頂立一飛鳥，爐盤作平底形。

一三一　永光二年燈

館藏號 2-245

漢代

通長 23 厘米，通高 9.6 厘米

口徑 7.6 厘米，蓋徑 7.8 厘米

燈作三足平底盤形，一側帶有長把手，帶鏤空蓋，蓋面高隆，一端以活栓與燈盤銜接，托盤已亡佚。燈盤外壁有銘文兩組十七字，一組作“永光元年造”，另一組作“長樂宮銅鐙具盤，并重二斤半”。“永光”爲西漢元帝的第二個年號，“永光二年”爲公元前 42 年。

一三二　五鳳二年行燈

館藏號 2-56

漢代

通長 23.1 厘米，燈盤口徑 13 厘米

足徑 11.5 厘米，底盤口徑 25 厘米

燈柱上端分出三枝杈托起燈盤，平底托盤。燈盤外壁有銘文一行十七字，作："林華觀行鐙重八斤三兩。五鳳二年造第三。""五鳳" 爲西漢宣帝年號，"五鳳二年" 爲公元前 56 年。

一三三

地皇二年行燈

館藏號 2-417

新莽時期

通長 23 厘米，通寬 22.6 厘米

通高 7.8 厘米

燈盤作三瓣花狀，一側設一把手，下承三蹄足。燈柄部有銘文三行 19 字，作：“中宮行鐙，重六斤二兩，始建國地皇二年二月造。”“始建國地皇” 爲王莽年號，“始建國地皇二年” 爲公元 21 年。

一三四　**始皇詔權**

館藏號 2-483

秦代

通高 9.8 厘米，底徑 11 厘米

器體呈饅頭形，上有鼻鈕。底部有凹穴，可能是校正重量時所鑿。表面刻有秦始皇詔書 40 字，作："廿六年，皇帝盡并（併）兼天下，諸侯黔首大安，立號爲皇帝，乃詔丞相狀、綰，灋度量則不壹歉疑者，皆明壹之。"底部有鑄銘 6 字，作："十六□□□□。"著録於《銘圖》34・18904。

一三五 **始皇詔橢量**

館藏號 2-484

秦代

口徑 8.8-16 厘米，底徑 5.5-13 厘米

通長 22.3 厘米，通寬 9.3 厘米

通高 6.6 厘米

橢圓形，直口，平底，一側連接上平下圜的筒狀柄。銅量外壁刻有秦始皇詔書 40 字，作："廿六年，皇帝盡并兼天下，諸侯黔首大安，立號爲皇帝，乃詔丞相狀、綰，灋度量則不壹歉疑者，皆明壹之。"著録於《銘圖》34・18828。

一三六　汾陰家熨斗

館藏號 2–34

漢代

通長 21.4 厘米，通高 4.3 厘米

口徑 12.2 厘米

圓盤形斗，扁平柄末端設一環形孔。柄部有銘文一行 8 字，作：“汾陰家銅斗造第六。”

圖書在版編目(CIP)數據

吉林大學考古與藝術博物館館藏文物叢書. 青銅器卷/吉林大學考古與藝術博物館編; 唐淼主編; 何景成副主編. --上海: 上海古籍出版社, 2022.11
ISBN 978-7-5732-0459-2

Ⅰ. ①吉… Ⅱ. ①吉… ②唐… ③何… Ⅲ. ①吉林大學-博物館-文物-介紹 ②青銅器(考古)-介紹-中國 Ⅳ. ① K87 ② K876.41

中國版本圖書館 CIP 數據核字(2022)第 189070 號

責任編輯：張亞莉
技術編輯：耿瑩禕

吉林大學考古與藝術博物館館藏文物叢書・青銅器卷
吉林大學考古與藝術博物館 編
唐 淼 主編
何景成 副主編

上海古籍出版社出版發行
（上海市號景路 159 弄 A 座 5 層 郵政編碼 201101）
(1) 網址：www. guji. com. cn
(2) E-mail：guji1@guji. com. cn
(3) 易文網網址：www. ewen. co
上海雅昌藝術印刷有限公司印刷
開本 889×1194 1/16 印張 15. 5 插頁 4 字數 248,000
2022 年 11 月第 1 版 2022 年 11 月第 1 次印刷
ISBN 978-7-5732-0459-2

K・3271 定價：280.00 元
如有質量問題，請與承印公司聯繫